Sur les hauteurs du Katanga

Du lac Moero à Lukafu

PAR LE

Commandant MORISSEAU, Jules

Itinéraire du Prince Albert de Belgique

BRUXELLES
Imprimerie Scientifique Charles BULENS
75, rue Terre-Neuve, 75

1910

SUR LES HAUTEURS DU KATANGA

DU LAC MOERO A LUKAFU

Sur les hauteurs du Katanga

Du lac Moero à Lukafu

PAR LE

Commandant MORISSEAU, JULES

Itinéraire du Prince Albert de Belgique

BRUXELLES

IMPRIMERIE SCIENTIFIQUE CHARLES BULENS

75, rue Terre-Neuve, 75

1910

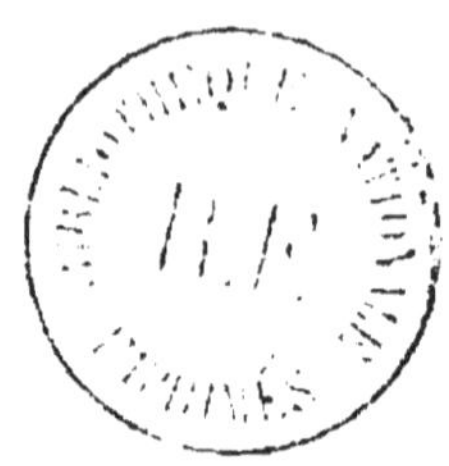

Mais où l'intelligence sert le mieux et donne le plus d'agrément, c'est à saisir çà et là quelque saillie ou la clarté des choses et à en jouir, sans gâter cette joie innocente par esprit de système et manie de juger.

A. FRANCE

Dans son récent voyage en Afrique, le prince Albert de Belgique, se rendant de Lukafu (Katanga) à Kilwa, sur le lac Moero, a suivi l'itinéraire que l'auteur décrit.

À travers les villages

DÉPART DE KILWA (SUR LE LAC MOERO) ·

Le lundi 8 octobre, dès l'aube (6 heures), je quittai Kilwa ; Pajole, ex-caporal, aide-médecin du 10e de ligne, m'accompagnait. Nos (pagazi) porteurs de bagages, Bayèques du village de Mukande-Bande, fils de feu l'empereur M'Siri, ont pris les devants au pas de course, suivant leur habitude.

Ils font ainsi la première moitié de l'étape, pour s'arrêter à un ruisseau ou une source, où ils se reposent en faisant leurs ablutions quotidiennes, puis les voilà repartis à vive allure, et bientôt ils sont loin.

Ainsi nos bagages sont à l'étape longtemps avant nous. Ce n'est pas toujours aussi aisé, mais c'est la fleur des pagazi, ces Bayèques. Après avoir accompagné le commandant Verdick au Tanganyika, heureux et contents, ils regagnent leur village, pour y jouir d'un salaire et d'un repos bien mérités.

Par ailleurs, des porteurs recrutés, soit à M'Toa, soit à Saint-Jacques-de-Lusaka, touchaient une partie de leur paye (posho), et, le lendemain, abandonnaient leurs charges dans les herbes pour regagner tranquillement leur home.

La partie du détachement des soldats qui me restaient, environ une quarantaine, me précédaient aussi, de façon que se sachant surveillés, ils ne pouvaient commettre de méfaits sur leur passage.

Les traînards — il y en a là comme partout — étaient minutieusement fouillés, la dernière cartouche leur était enlevée. Jamais, je ne leur en donne pour voyager, c'est dans les postes de passage qu'ils se les procurent.

Les traînards invétérés se voient retirer leur fusil,

ILS FONT LA PREMIÈRE MOITIÉ DE L'ÉTAPE POUR S'ARRÊTER A UN RUISSEAU (p. 7)

ceci est le plus sanglant affront que l'on puisse infliger à un soldat. Il fait alors des efforts inouïs pour rentrer en grâce et en la possession de son arme.

Quant à moi, la sale blessure de mon pied étant cicatrisée, j'ai pu chausser des bottines, heureux de pouvoir marcher, respirant à pleins poumons l'air frais qui fleurt bon.

Devant nous, monte en serpentant, un chemin large de trois à quatre mètres, tapissé d'un petit gravier rouge, émaillé parfois de cailloux blancs.

Ce chemin traverse une pelouse fine et drue avec, par-ci par-là, des bouquets d'arbres d'espèces variées.

En décembre, ils se couvrent de fleurs semblables à celles de nos arbres fruitiers, d'autres forment d'immenses corbeilles d'orchidées, d'autres encore portent des pivoines d'un rouge sang, qui détonnent sur un fond de verdure presque noire.

On se croirait dans un immense parc, ou, plutôt, par une belle matinée de printemps, en ballade sur le plateau de Herve, par Jupille et Daelhem, avec en plus, ici, le ciel et l'ardent soleil d'Afrique.

En revanche, au pays de Herve, on jouit de ce merveilleux concert, que donnent généreusement ces milliers de petits musiciens que sont les pinsons, fauvettes, alouettes, etc. Ici, rien de semblable, rien qu'un silence lourd et profond.

La route est aisée, en deux heures nous avons atteint Kilomba, dont le chef, avec la civilité qui caractérise les indigènes de cette région, vient me souhaiter la bienvenue, m'invitant à rester chez lui ; le village suivant est complètement abandonné, Sénamé et ses rares fidèles sont allés rejoindre les révoltés du lac Kissali.

Cette fugue, je la connaissais, la tenant d'un révérend Ecossais, installé sur le Moero.

Tout cela est très bien, mais il y a aussi la question des étapes, que j'aime à espacer de façon régulière,

DEVANT NOUS MONTE EN SERPENTANT UN CHEMIN LARGE (p. 9).

les atteignant après une marche de six heures au maximum : partir à l'aube, arriver avant la forte chaleur de midi. Voilà pourquoi nous poussons plus loin. Kilomba nous enverra des vivres, ses gens sont à la pêche.

A 10 heures, nous sommes arrivés. Il n'y a pas dix jours que Sénamé a déguerpi, et déjà son village a la gaîté d'un cimetière désuet.

De-ci de-là, des déchets de poterie, des morceaux de bois à demi consumés, les constructions en pisé se penchent mélancoliques vers le sol, facilitant l'escalade aux effrontés liserons à clochettes rouges.

Après avoir erré, furetant un peu partout, à la recherche du meilleur chimbèque (cabane), après avoir assuré la corvée du bois, de l'eau, le temps commence à me peser. Et Kilomba qui n'arrive pas !

Deux fois déjà, les soldats sont venus se plaindre de la faim, c'est qu'ils sont habitués à une distribution de vivres peu après l'arrivée à l'étape, et aujourd'hui, tout comme le grand monarque, ils ont failli attendre.

Enfin, tard dans l'après-dîner, voici venir Kilomba et ses gens, une rude journée pour ces braves ; d'abord une pêche fatigante sur le Moero, puis la même étape que nous, avec, en plus, de grands paniers pleins de poissons fumés, ou bien de frais : ce sont de grands silures d'au moins 12 livres, ou bien des soles géantes ; enfin, le retour au domicile.

L'arrivée opportune de ces victuailles eut le don de mettre en gaîté mes lascars affamés.

Je veillai à ce qu'il en fût fait une répartition

prompte et équitable, les soldats ayant une tendance innée à prendre la part du seigneur Lion.

Je retiens le tout et il ne reste rien.

Ensuite, suivant un procédé culinaire très simpliste, le caporal Pajole, ex-automédon de Schaerbeek, fit rôtir sur la « panne » une sole bien dodue.

Quelques bananes ayant complété notre dîner, nous gagnons notre fourreau, espérant une nuit de tout repos, c'est-à-dire sans les innombrables moustiques qui nous dévorèrent à Kilwa.

Au début, il faisait calme plutôt, on n'entendait que les bavardages de nos gens, couchés auprès des feux. Mais, quel est ce vacarme? Tout à coup, nous sommes envahis par une bande de rats courant, se culbutant, poussant des cris d'effroi. Toutes ces bestioles, une fois retirées dans leurs réduits ténébreux, le silence regna quelque temps... Bwa ! Bwa !... Sales bêtes, va! Ce sont encore les chacals qui viennent chaparder quelques déchets. Peu après, c'est le rire strident de la hyène noire... Mais d'autres voleurs, plus dangereux

QUEL ASPECT LUGUBRE (p. 13)

et plus audacieux, ont aussi pénétré dans le village, des léopards... Mis en éveil, mes soldats raniment la lueur des feux, puis on entend le cliquetis des chiens de fusils que l'on arme, bientôt suivi du bruit d'une fuite rapide dans les feuillages froissés.

Alors les rires vainqueurs de mes lascars m'indiquent que tout danger a disparu.

Enfin le calme revient avec le silence et je perds la notion des choses.

* * *

Le mardi avant 6 heures, tout le monde est parti déjà. Pas fâché de te quitter, Sénamé de malheur.

Quel aspect lugubre, il a ce village, vu de ce côté: c'est l'abomination de la désolation.

Pendant une heure, nous traversons le fond desséché d'un immense marais.

Rien que du sable et de grosses pierres.

Quelques défoncements du sol indiquent que les lourds éléphants ont passé par là.

Une bise froide et humide nous cingle le visage.

Puis nous grimpons, nous grimpons toujours.

Bientôt, changeant d'aspect, le paysage devient plus gai, la verdure et quelques fleurs ramènent la sérénité dans nos âmes.

Mais au fur et à mesure que l'on s'élève, les prairies se font plus maigres et plus pauvres. Les arbres, moins nombreux sont plus chétifs et malingres.

En revanche, de brillantes couches de fleurs, piquées à même le sol, s'étendent à perte de vue.

On voit succéder, à un immense tapis jaune de nénuphars, une grande nappe de clochettes blanc crème, puis des rouges, puis ce sont des bleues.

Et ces nappes se succèdent, sans se fondre ni se mêler, comme on voit chez nous, un champ de blé auprès d'un champ d'avoine.

La nature du sol est la seule cause probable de cette particularité.

* * *

Le sergent noir Ibraïm, emprunté à la garnison de Kilwa, a sans doute annoncé mon arrivée, car je vois venir en courant le chef Mukowe, suivi d'un groupe de femmes poussant des cris d'allégresse, frappant leur bouche des doigts de la main gauche, agitant la droite au-dessus de leur tête; tandis que leurs progénitures, fixées sur leur dos, au moyen d'un pagne fait d'écorce, sont secouées abondamment.

Elles me parurent laides et fatiguées ; peut-être bien les avait-on choisies telles.

En revanche, ils sont tout plein gentils, ces bébés, semblables à des poupées de chocolat; très amusants, ces grands yeux étonnés, de couleur vieil or, bleu, vert ou gris clair, et des cheveux menus, que le moindre souffle agite.

La demeure, construite à l'intention des blancs de

passage, a été rafraichie à grand renfort de pots d'eau, et une multitude de fourmis s'agitent fiévreusement sur le parquet.

Sur l'invitation de mon sergent noir, je me rends sur la baraza (espèce de terrasse, que recouvre un petit toit raccordé à celui de la maison).

Au milieu du chemin, se tiennent sur un rang les notables de l'endroit rassemblés là par Mukowe. A un signal du chef, « un battement de mains », tous se

VILLAGES DE MUKOWE

(Cette vue a été prise quelques années après le voyage de l'auteur alors qu'on essayait de supprimer le portage)

prosternent et battent trois fois des mains, puis ils gardent cette posture humiliante et fatigante.

Ils attendent quoi? Je n'en sais rien. Quelques paroles bien senties, peut-être. J'en suis tout à fait *incapable* (comme dans la *Mascotte*). Trop nouvel Africain, j'ignore absolument leur dialecte.

Je me contente de prendre un air digne et aimable à la fois, pour leur faire de la main le plus gracieux des saluts, puis un petit signe de tête au chef, et à Ibraïm : « Dites-leur de s'en aller. »

Mais ce n'est pas encore fini, les voilà maintenant remplacés par des femmes, plus jeunes et mieux en formes que celles déjà vues.

De même que les hommes, à un signal, elles s'agenouillent, pour ensuite par trois fois se prosterner le front contre terre, les mains étendues.

TIANSANBALE — PETIT VILLAGE COQUET (p. 17)

Pour lors, je juge qu'un simple salut est insuffisant. Reprenant l'air digne et solennel, un instant quitté, avec, néanmoins, le plus de grâce possible dans le geste, je tends les deux bras en avant, pour les ramener ensuite sur la poitrine, comme si toutes ensemble je les serrais dans une étreinte affectueuse.

Peu après, je dois recevoir les présents : des vivres

que m'offrent mes hôtes, suivant un usage antique et solennel.

Ils sont là plusieurs groupes de jeunes gens, accroupis autour de leurs chefs respectifs, avec devant eux, qui un faisceau de poules liées par les pattes, qui un panier de farine ou d'œufs, qui des pots en terre remplis de miel avec la cire.

Mukowe me présente successivement chacun des chefs voisins; ceux-ci, au fur et à mesure, tapent des mains en guise de réponse.

A mon tour maintenant, de répondre à toutes ces politesses : sur un signe, mes boys ont apporté des étoffes et des perles; et comme partout ailleurs, les chefs reçoivent proportionnellement à leur importance. Enfin, ils se retirent accompagnés du sergent noir, qui, j'en suis sûr, recevra une grande part des bénéfices.

Enfin, abandonné à moi-même, je puis m'occuper de mon dîner, puis me coucher. Cette nuit-là je dormis en paix.

* * *

Le mercredi 10 octobre, partis à 6 heures, nous arrivons à 8 heures à Tiansanbale, petit village très coquet, dont les maisons s'échelonnent le long de la route.

Tout comme la veille, le chef suivi d'un groupe hilarant de femmes, bébé au dos, vient à ma rencontre.

Je lui fais comprendre que je ne m'arrête pas ici; sur un signe, on accourt avec des œufs, de la farine, du miel. Je lui demande des gens pour transporter le tout, et je continue jusque Kapassa, où j'arrive quatre heures plus tard.

LA ROUTE EST AISÉE (p. 19)

Je suis reçu avec le même cérémonial que la veille.

Le temps encore a été favorable, la route aisée, quoiqu'il faille toujours monter.

Les paysages perçus ces derniers jours n'ont pas de grandes diversités : quelques rares arbres, quelques petits taillis, des prairies d'herbes basses et drues qu'égaient, de temps en temps, des touffes de fleurettes jaunes, à pétales fines et soyeuses, fleurant la bergamote.

Puis, c'est encore une succession de nappes blanches, jaunes, rouges ou bleues.

Les termites ont fait leur apparition ; en certains endroits, les élévations sont si nombreuses et disposées avec tant de symétrie, qu'on dirait d'un cimetière israélite.

Le plus souvent, le sol est recouvert d'une quantité d'immenses champignons pétrifiés.

De temps à autre, c'est une colline, sur laquelle s'élèvent des arbres de dimension respectable.

*
* *

Au fur et à mesure que l'on approche de Lukafu, les villages gagnent en importance.

Kapassa est traversé dans toute sa longueur par une large avenue, que coupent deux petites allées.

Les maisons ne sont pas continues, ni alignées au cordeau, elles sont disposées comme une suite de cottages.

Chaque construction principale, avec des dépendances et des appentis, est entourée d'un jardin de manioc ou de plantes légumineuses, que clôture une ligne de ricins.

Des arbres à étoffe ont été plantés un peu partout; à un carrefour, ils forment un bosquet, plein de fraîcheur; c'est le lieu de réunion, là se font les marchés.

Les maisons spacieuses et bien aérées possèdent de vraies portes et de vrais volets, à croire qu'il y a des menuisiers parmi ces nègres. Les charpentes et les toits sont bien posés. Les murailles et les parquets, très solides, d'aspect réjouissant, sont recouverts d'une espèce de kaolin, qu'ils teintent de diverses façons.

KAPASSA — VILLAGE (p. 19)

Ici, malgré moi, je dus accepter deux chèvres, que j'emmenai vivantes le lendemain jeudi 11.

* * *

C'est ce jour-ci qu'il a fallu grimper.

Tout comme dans le pays de Herve, les collines se succèdent en s'étageant; pour atteindre le sommet, il faut gravir des pentes, parfois même escalader des gradins. Coteaux et vallons sont tapissés d'une herbe courte et drue. Les arbres groupés forment des vergers. Les plus beaux sont les figuiers sauvages ; les plus nombreux sont de petits malingres aux branches tordues, assez semblables à nos pommiers des régions pauvres. Ils portent un fruit jaunâtre, rond comme une bille. Il faut deux cailloux, pour briser l'enveloppe ligneuse; à l'intérieur, se trouvent trois ou quatre petites choses semblables à des nèfles. Nos porteurs en sont friands.

J'allais oublier de dire qu'on rencontre parfois quelques baobabs, mais ils sont si petits, si chétifs, qu'ils paraissent être plus proches parents de celui de Tartarin que de ceux de Kinshasa.

*
* *

Après cinq heures de marche, nous sommes chez Mulangari, le dernier village avant la brousse, le plus beau aussi, du reste, par son étendue et le fini de ses constructions.

Avant de les quitter, un mot de ses habitants.

Ils sont minces et nerveux, d'une taille un peu au-dessus de notre moyenne ($1^{m}70$). Les traits sont réguliers.

Vous ne trouverez pas ici ces nez largement épatés, ces lèvres en bords de pot de chambre, ces yeux sans cils, en boules de loto, ces tignasses graisseuses; enfin, cet air profondément abruti des Bas-Congos.

Loin de là, ils ont le nez mince et pointu, les lèvres fines, leurs petits yeux dorés pétillent; une raie au milieu du front partage leur chevelure, nattée en une infinité de petites tresses, qui ornent leur tête en lignes étagées; enfin, leurs gestes, leur langage sont pleins de distinction.

C'EST CE JOUR-CI QU'IL A FALLU GRIMPER (p. 20)

SUR LES HAUTS PLATEAUX

Le vendredi 12 nous quittons Mulangari, emportant des vivres frais pour plusieurs jours ; entre autres, des chèvres, dont une nous donne du lait. Cette dernière m'amuse beaucoup ; ses manières et sa voix me rappellent absolument un de mes anciens professeurs de l'école. Aussi, est-elle déjà baptisée et elle répond à son nom.

Je viens de gravir une côte malaisée, mais non au soleil exposée ; quand, à mes yeux ravis, apparaît un immense valonnement, en forme d'un entonnoir ellipsoïdale, dont le grand axe aurait plusieurs lieues de long. Il est entièrement tapissé d'une fine pelouse, d'un si beau vert qu'on en mangerait. Des arbres et des taillis garnissent les bords.

Là-bas, tout au bout, le caporal Pajole, dont le casque et les vêtements de toile blanche éclatent dans la lumière crue, resplendit comme un brillant météore.

Puis nous gravissons encore des pentes, les arbres se rabougrissent, l'herbe se raréfie ; encore un pli de terrain et c'est la plaine, la plaine sans fin.....

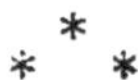

Ah ! on respire ici ! C'est avec une satisfaction pleine et entière que j'ouvre mon veston et le col de ma chemise.

Quelle bonne brise de mon cœur !

Mais ce plateau ! C'est tout à fait nos fagnes ! Ces arbustes minuscules aux fleurettes bleues, ne sont-ce

LES ARBRES SE RABOUGRISSENT (p. 23)

pas là nos genêts et nos bruyères? Et aussi, ces rares petites touffes d'herbes courtes et rêches. Pas un arbre à l'horizon. Les sentiers aussi sont à peine indiqués. Qu'est-ce qu'on voit là-bas, tout au loin, s'avançant avec lenteur? Jour de Dieu! ce sont nos porteurs. On dirait des insectes!

Nous atteignons bientôt une rivière; près de là, des abris faits de branchages nous indiquent que l'on y a campé; mais nous poursuivons, pour atteindre la Talula après six heures de marche.

En cet endroit, le sol se vallonne pour se redresser ensuite en un pli sinueux, sur lequel se dressent encore trois collines où poussent, splendides, de majestueux figuiers.

Relief et dépression sont l'œuvre des termites.

LE SOL SE VALLONNE (p. 25).

Cet endroit, ni trop loin ni trop près de la rivière, à l'abri des vents, avec du bois à discrétion, me paraît propice.

« Dressons-y notre tente. »

« Maintenant, débrouillez-vous, Bayèques de mon âme, je ne m'occupe de rien. » Après cet ordre, donné avec un temps impératif, ont commencé les corvées : les uns apportent de l'eau, d'autres du bois, déjà ma tente est dressée, celle de Pajole pas encore ; cet entêté automédon veut à tout prix fixer la sienne, près des figuiers, entre deux collines. On a beau lui dire que c'est dangereux, il n'entend rien.

Une simple considération l'amena à récipiscence. Sur ce haut plateau, à plus de 2,000 mètres d'altitude, les nuits sont très froides ; le bois étant abondant, des soldats entretiendront un grand feu, mais un seul, à proximité de mon pavillon.

C'est ainsi qu'il devint mon voisin et n'eut pas lieu de le regretter.

L'après-dîner, quand le soleil ne darde plus, nos gens se répandent dans les environs qui bientôt retentissent de coups de hache et de machette. Peu après, ils viennent à la file, chacun porteur d'une grosse bûche, qu'il dépose de façon à en faire un beau tas.

Lorsque la fraîcheur vespérale se fait sentir, je me retire sous ma tente, « tout comme le bouillant Achille ».

Mais le sol a été séché par les feux de mes prédécesseurs, puis surchauffé par le soleil ardent ; on étouffe là-dedans.

Impossible de fermer l'œil ! Ce que l'on transpire, bon Dieu ! Et dehors il fait trop frais, c'est dangereux.

Mais voilà, maintenant, que les coups de hache et les bruits de branches cassées de cet après-dîner, retentissent dans ma tête.

Patience! Courage... A la fin des fins, je m'assoupis, mais les chocs résonnent encore.

Tout à coup, un grand fracas, un formidable coup de tonnerre retentit dans le silence profond. Puis, plus rien. Aurais-je la fièvre?

Je sens venir un peu de fraîcheur, et je m'endors profondément.

Il faisait noir encore le matin, quand je m'éveillai grelottant de froid sous mes quatre couvertures, un gilet de laine, un foulard, un caleçon, et quoi encore?

Je me levai pour aller roupiller auprès du feu, attendant le lever du soleil.

J'avais admiré la veille un arbre immense, dominant les autres sur la colline; une tornade l'a brisé comme un fétu de paille, le culbutant précisément là où Pajole voulait dresser sa tente.

C'était cela le tintamarre qui troubla mon repos.

Après une nuit dans la brousse, les préparatifs de départ sont vite baclés. A part la malle-lit et une autre contenant quelques objets de rechange, toutes les charges sont là où on les a déposées la veille.

Tandis que j'avale un déjeuner des plus sommaires: du café, un œuf, quelques grains de riz, cuit la veille; ma tente, mon lit, repliés, enlevés, vont rejoindre les autres bagages, qui déjà, à la file, s'avancent sur le long ruban qu'est la route.

Je finis ma tasse, table et chaise sont emportés; en route, tout le monde. Mon boy, qui n'a plus une goutte d'eau pour rincer mon goblet, le frotte avec conviction au moyen du sale pagne qui ne l'a pas encore quitté un instant depuis les débuts du voyage.

UN ARBRE IMMENSE (p. 27)

Et nous voilà encore, jouant des jambes, sur cet océan herbacé, où il n'est pas un point de repère; impossible d'estimer le chemin parcouru. Mais le temps nous est favorable, c'est là un grand point

Enfin! un oiseau de la grosseur d'une poule, au vol lourd, se lève, pousse un cri, puis disparaît.

C'est le premier être vivant que nous rencontrons depuis Mulangari. Mais, comme je suis tout à la joie de cette rencontre inopinée, je me mets à regretter de ne pas avoir un fusil pour descendre cette pauvre bête.

D'où vient donc cette contradiction qui règne dans nos esprits?

Après cinq heures de marche, nous arrivons à la Timburia : un repli de terrain peu sensible, une ravine, un filet d'eau claire, glissant en sourdine sur un fond de gravier rouge; pas un arbre, cette fois. Nos gens sont de précaution, ils ont emporté une petite provision de bois pour la cuisine. Le soir, ils iront en chercher là-bas, montrant un point très éloigné, hors des vues.

Le soleil a bien chauffé, les malles brûlent au toucher. J'en ouvre une pour prendre quelques objets, une bouffée chaude me souffle à la face. Je confie une boîte en cuivre à mon compagnon, qui, surpris par la chaleur de l'objet, le laisse tomber, secouant les doigts comme d'une brûlure.

Tout un paquet de boîtes d'allumettes a flambé, sans causer de dégât; rien à l'extérieur n'indiquait cet accident, sinon un petit point noir à un des angles de l'enveloppe.

S'il a fait chaud le jour, comme compensation la nuit sera froide; pas de colline protectrice cette fois, pas des masses de bois non plus.

Grelottez, mes enfants, grelottez à votre aise, c'est votre droit.

Nos gens sont plus malheureux encore; hier, au moins, ils avaient des abris faits de branchage; aujourd'hui, ils devront se terrer comme des lapins...

Une nuit est vite passée, dit-on, mais une mauvaise, surtout au Congo, paraît bien longue; elles ont une fin cependant, tout comme mon voyage, du reste, en vertu de cet immortel adage :

« Ainsi que tout commence, il faut que tout finisse. »

* * *

Je suis bien décidé à atteindre Lukafu, aujourd'hui même, ce dimanche 14 octobre.

ABRIS FAITS DE BRANCHAGE (p. 30)

Mon sergent Ibraïm prétend qu'il y a plus de huit heures de marche, qu'une halte à la Lofoï s'impose.

Le Nyampara des pagazi assure qu'il n'y a que cinq heures.

Enfin on verra, en route ! ! !

Les porteurs, semblables aux chevaux qui sentent l'écurie, ont des ailes au pied; mes soldats, auxquels ces jours derniers, j'ai distribué mon corned-beef et autres conserves, qui font grand tort à mon estomac, et grand bien aux leurs, ne sont guère pressés.

« Mais ça ne fait rien, on marche quand même. »

Mais, quel bruit frappe notre oreille attentive dans le grand silence? Il augmente à notre approche. Bientôt, c'est un fracas assourdissant, mêlé de ris joyeux.

C'est la Lofoï dont les eaux claires courent impétueuses à travers des quartiers de roche, pour aller en une nappe imposante faire une chute de plusieurs mètres. Le choc en est intense et le sol tremble. Mais les flots rebondissant et jaillissant avec force, reprennent leur course endiablée avec des rires dont les éclats moqueurs retentissent dans le lointain.

C'est là qu'il faut traverser; mais, gare! quelques-unes de ces pierres sont sournoises et glissantes, et le gouffre est proche...

Il n'y a pas eu d'accident. Tout le monde continue avec entrain, car il n'y a plus d'endroit idoine à une halte; tout à l'heure nous serons à Lukafu...

Nous voilà, enfin! au bout de cette plaine, que terminent d'immenses murs de rochers.

Là-bas, tout au loin dans le fond, c'est un fouillis de verdure.

— Qu'est cela? demandai-je.

— Lukafu, fut-il répondu.

LOFOI, RIVIÈRE (p. 31)

— Je ne vois pas de maison.

— Il y en a... de grandes.

— Combien de temps?

— Une demi-heure.

— Par où?

On me montre à gauche un petit sentier de chèvres, par où, déjà, ont disparu porteurs et soldats.

— Et cela? (Montrant un large chemin en pente douce.)

— Le nouveau chemin du blanc.

Sont-ils loufoques ces noirs, de prendre ce mauvais sentier, tandis qu'on leur a construit un chemin de tout repos...

Je déchantai bientôt.

* * *

Il faut savoir que, lorsqu'on tailla cette (route?), au début chacun était plein d'ardeur, on faisait vite et bien.

Alors, le chef du territoire partit en tournée, confiant la direction des travaux à son adjoint. Mais celui-ci avait encore à faire son administrââtion, ses paperasses, qui sévissent là comme partout ailleurs. Il jugea que son nyampara ferait très bien la chose.

Par malheur, la femme d'icelui vint à accoucher.

Alors, les ouvriers noirs, livrés à eux-mêmes, baclèrent cela en cinq secs.

Ils coupèrent tous les arbres, qu'ils emportèrent chez eux; brisèrent par-ci par-là quelques pointes trop proéminentes; laissant sur place grosses pierres et petits débris, pour la plus grande satisfaction des personnes que leurs loisirs ou leurs occupations attirent dans ces parages peu fréquentés.

Ce que j'ai pesté pendant les trois quarts d'heure que dura cette pénible descente!

C'est qu'à chaque pas je glissais, entraînant avec moi des tas de pierres. Parfois je roulais, m'écorchant genoux et poignets. Tandis que le soleil au zénith me brûlait et m'aveuglait à la fois.

GROSSES PIERRES ET PETITS DÉBRIS (p. 33)

Je vins surprendre les agents du poste, qui ne m'attendaient pas sitôt ; je les avais cependant prévenus par un mot envoyé de chez Mulangari.

Ils étaient cinq là bas : le capitaine Vanden..., le lieutenant Hendrickx, le sergent Branche, le brigadier Bouffioux, le cavalier de deuxième classe Lhiot ; avec Pajole et moi nous serons sept.

Quelques jours après, arrivait le premier sergent Declercq, qui, envoyé par erreur au Kivu et rappelé par ordre, avait rejoint Lukafu, parcourant ainsi une distance comprise entre les 3e et 11e degrés parallèles.

*
* *

Qu'allons-nous faire à huit dans ce petit poste? *Bouffer du ravitaillement?* comme disaient si élégamment certains hauts fonctionnaires de l'ancien régime, parlant des stations qui ne rapportent ni ivoire, ni caoutchouc.

Le Katanga fournissait jadis toutes ces bonnes choses, mais après une lettre-circulaire du Gouverneur, la production a été différée jusqu'après la reprise du territoire par le Comité de la Compagnie.

Vanden... me renseignera sur la politique du pays, tout en s'occupant des malades : « son dada, jouer au docteur ». Ils sont nombreux, du reste. Les détachements venus avec nous du camp de Yumbi et de Kabambare « ces derniers recueillis d'un peu partout » ont traversé des régions où régnaient la variole et la maladie du sommeil sans compter la dysenterie qu'ils gagnent aisément en route par les nuits froides, une nourriture mal préparée et l'habitude de boire de l'eau des marais de préférence aux eaux courantes.

Hendrickx reprendra l'instruction militaire des soldats, qui, à part ceux venus avec nous de Yumbi, n'ont plus été exercés depuis leur départ.

Les autres agents du poste apprendront aussi leur métier qu'ils ignorent, ne l'ayant jamais su ou l'ayant oublié.

Enfin, il y a toujours des travaux de culture et des constructions en train.

De mon côté, je me mis furieusement à fouiller les paperasses, c'est ainsi que par hasard mes yeux rencontrèrent un manuscrit d'une écriture fine agrémentée de ratures et presque illisible en certains endroits.

Dès les premières lignes mon attention fut captivée comme par un roman de Dumas, j'y consacrai

IL Y A TOUJOURS DES CONSTRUCTIONS EN TRAIN (p. 35)

près d'un jour, je me proposais même d'en extraire quelques notes, quand je reçus l'ordre inopiné d'aller à M'Toa, sur le Tanganyika.

La saison des pluies approchait ; je partis à la hâte, d'autant plus qu'on m'attendait là-bas.

Aujourd'hui que les faits principaux sont encore présents à ma mémoire, je voudrais essayer de les exposer aussi explicitement qu'il m'est possible, persuadé de l'intérêt qu'ils offrent, en ce moment surtout.

Nous en ferons un chapitre spécial, avec, pour titre : « Quelques faits d'histoire sur la pénétration pacifique du Katanga ».

QUELQUES FAITS D'HISTOIRE SUR
LA PÉNÉTRATION PACIFIQUE DU KATANGA

Il est ici question de la pénétration pacifique du Katanga; jadis, on disait conquête; mais cette dénomination nous rappelant la mémoire détestée des Fernand Cortez et consorts, éveillant dans nos esprits des idées de massacres d'inoffensifs indigènes, nous dirons de préférence : pénétration pacifique, même s'il y a mort d'hommes comme dans ce cas. Suivant l'opinion d'un éminent professeur : « une pénétration trop pacifique ne pénètre pas du tout ».

Dans les environs de l'année 1890, diverses missions scientifiques furent organisées en vue d'explorer le Katanga ou plutôt de le prospecter au point de vue des richesses minières. On connaissait déjà l'existence de mines de fer et de cuivre, mais l'on espérait de l'or, peut-être même du diamant.

Le pays est relativement sain, par conséquent habitable, en exceptant les hauts plateaux, à deux mille mètres d'altitude, torrides dans le jour, glacés la nuit, que recouvrent à peine une herbe courte et rêche et de petits arbustes, tout comme dans nos fagnes ardennaises. Il est sillonné de rivières aux eaux claires et poissonneuses, aux vallées giboyeuses et fertiles.

Jadis, les hippos en bandes y prenaient leurs ébats, des troupeaux d'antilopes et de zèbres y trouvaient l'herbe tendre. Les éléphants y étaient nombreux pour les chasseurs d'ivoire. Malheureusement, nombreux aussi étaient les rhinocéros, les lions, les léopards, avec leurs cortèges d'hyènes et de chacals, à faire supposer que notre bon père Noé, le plus vieux et le plus sympathique des nautonniers, eût fait escale dans ces parages.

IL EST SILLONNÉ DE RIVIÈRES AUX EAUX CLAIRES ET POISSONNEUSES (p. 37)

Une terrible épizootie, dont les indigènes parlent encore, a quelque peu décimé cette belle faune.

Les habitants de ces régions enchantées, loin de se croire dans un paradis terrestre, gémissaient sous le joug du plus féroce des tyrans africains, un nègre arabisé, le fameux empereur M'Siri dont les Etats comprenaient non seulement le territoire concédé actuellement au Comité du Katanga, mais empiétaient encore sur les possessions des Anglais et des Portugais.

La domination de ce chef terrible était soutenue par les fidèles Bayèques, race autochtone mêlée quelque peu du sang des aventuriers arabes ou portugais, qui, venus là pour commercer ont essaimé suivant leur aimable coutume.

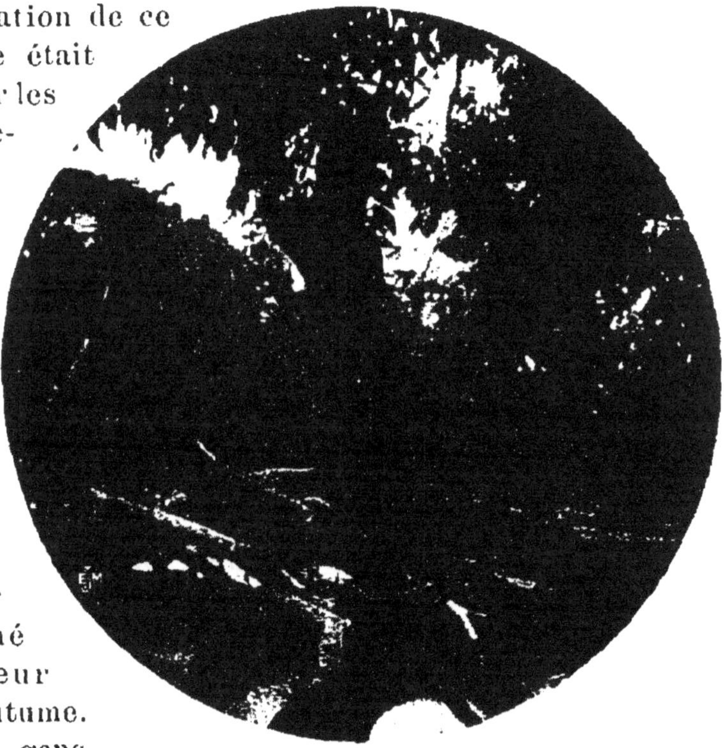

RÉGION ENCHANTÉE (p. 38)

Tous ces gens, chasseurs et pêcheurs à la fois, formaient de solides guerriers ; c'était l'élite de la nation.

Les fusils et la poudre leur arrivaient d'Europe, en échange d'ivoire et d'esclaves. Ces soldats obéissaient au doigt et à l'œil au fils de M'Siri : Mukande-Bande, capitaine aussi calme qu'intrépide.

Ce M'Siri n'était certes pas une quantité négligeable, et toutes les commissions scientifiques ou autres, d'où qu'elles vinssent, essayaient de composer avec le despote.

Tous les explorateurs ou prospecteurs arrivés là, soit par Zanzibar, Dar-es-Salam, ou bien par Mozambique, ou Beira ou par le Cap ; agissant pour le compte des sociétés anglaises : géographiques, bibliques, etc., ou bien pour le compte du Comité du Katanga avec l'approbation de l'Etat, tous, dis-je, non seulement travaillaient sans entente préalable, mais encore paralysaient mutuellement leurs efforts par une méfiance sans pareille. C'était au point que nos délégués de nationalité anglaise étaient tenus en suspicion par leurs collègues de la même mission.

Toutes ces dissensions faisaient trop bien le jeu de M'Siri pour qu'il n'en profitât pas. Promettant son alliance aux uns comme aux autres, et recevant force cadeaux de toutes mains : plats d'argent ciselés, sabres damasquinés, fusils perfectionnés, riches étoffes...

Si le Sultan avait l'humeur hargneuse (lisez : s'il avait trop bu), si les présents n'étaient pas assez somptueux, le tout était jeté avec un suprême dédain aux gens de son escorte, et les envoyés assez malmenés de s'encourir pour ne pas être passés à tabac.

Le Révérend C..., un Ecossais rencontré sur le Moero, m'a confirmé ce détail, il avait pu s'insinuer auprès du tyran dont il se disait le secrétaire; grâce à lui, bien des fois ses coreligionnaires ont échappé à la chicotte.

Les nôtres avaient un puissant adjuvant dans la personne de Maria de Fonséca, négresse dont l'arbre généalogique a été planté par un marchand portugais.

Cette cheffesse d'un grand et riche village sur la Lukafu, était l'épouse préférée du grand empereur, la mère de Mukande-Bande.

Ses bons conseils étaient toujours prisés par son seigneur à jeun; malheureusement, quelques présents arrosés de beaucoup de rhum suffisaient pour anéantir toutes les combinaisons. Maria alors, sans respect pour son impérial époux, le traitait d' « ignoble porc ».

M'Siri, à qui l'on avait insinué qu'un puissant potentat comme lui n'avait rien à redouter, mais tout à gagner d'une alliance avec un petit pays peu guerrier et plein de richesses, s'était enfin décidé à traiter avec les nôtres. Mais, au moment de mettre sa croix en guise de signature au bas de la mukande (lettre), et de laisser arborer sur sa résidence le pavillon bleu étoilé de jaune, il se récusa : (le drapeau était trop petit et son étoffe sans valeur).

C'est alors que les nôtres, exaspérés de tous ces prétextes saugrenus, décidèrent d'en finir.

Par l'entremise de la grande cheffesse, ils obtinrent une dernière entrevue.

Elle devait être décisive.

Cette entrevue devait avoir lieu au village de Fonséca. L'empereur se présenterait avec deux conseils seulement. Les agents de Boula-Matari enverraient un délégué, qu'escorteraient deux boys. Personne ne serait porteur d'armes.

Le 19 décembre 1891, veille de ce jour mémorable, que l'on pourrait appeler la journée des dupes, chacun étant bien décidé à tromper l'autre, Maria tenta en vain de retenir son royal époux dans son chimbèque; elle comptait le sermonner, et surtout l'empêcher de se livrer à de trop copieuses libations.

Mais il en fit à sa guise, faisant dresser plusieurs tentes sur une légère éminence, qui s'élève sur la rive gauche de la rivière, afin d'y abriter sa nombreuse escorte. Lui-même s'enferma avec ses compagnons habituels de débauche. De ce côté, la nuit se passa en beuveries et en ripailles.

Les Belges campèrent sur la rive droite, aussi en dehors des habitations, et tinrent conseil jusque assez avant dans la nuit. Bodson, lieutenant aux carabiniers, un grand blond aux formes athlétiques, réclama pour lui l'honneur de cette mission, périlleuse certes, vu l'astuce bien connue du despote africain, alléguant son état de célibataire sans autre parent qu'une sœur mariée, sa force musculaire capable de mater plusieurs moricauds. Sa proposition fut acceptée; seulement, et tout le monde insista sur ce point, il devait emporter, caché sous ses vêtements, son revolver d'ordonnance; l'accompagneraient seulement deux jeunes boys, qui, grâce à leur petite taille et à leur agilité, pourraient aisément s'éclipser pour apporter de promptes nouvelles. Enfin, le lieutenant X..., avec vingt ascaris, se tiendrait prêt à tout événement; dans tous les cas, au premier coup de feu, il devait apparaître.

Le 20 au matin, notre député traverse le village; puis, à cinquante pas du campement royal, dont les tentes sont encore fermées, il se fait annoncer. Bientôt apparaît M'Siri, visiblement influencé par une nuit d'orgie; il est suivi de plusieurs gaillards fortement allumés, menaçants, ostensiblement porteurs d'armes diverses. Bodson fait observer ce manquement à la parole donnée ; sur ce, le sultan dominé par la colère et l'alcool tire son sabre de Scheffield (un récent, english cadeau) et, le brandissant, se précipite sur notre malheureux compatriote, tandis que l'escorte noire tâche de le déborder. Mais, le carabinier a vite fait : saisir son arme, la braquer, presser la détente, un coup de tonnerre, M'Siri roule foudroyé sur le sol, débarrassant l'humanité d'un de ses plus grands fléaux. Au même instant, un second coup de feu, celui-ci parti d'une des maisons, Bodson frappé au bas des reins tombe à son tour. Un des fils de l'empereur, dissimulé dans le village, vient de venger son père.

Ce fut alors un tumulte indescriptible : les gens de M'Siri, tous pris de boisson, accourent tumultueusement, agitant des machettes et des lances, vociférant d'atroce façon; les femmes, les enfants affolés, quittant le village, fuient dans toutes les directions, poussant des hurlements aigus. Au premier coup de feu, est accouru le lieutenant X..., ses vingt lascars ont tôt fait de culbuter tous ces turbulents pochards, tandis que lui-même casse la tête au jeune meurtrier, dont la carabine est encore fumante.

Mukande-Bande et ses guerriers n'étaient pas là, sinon les choses auraient pu se passer d'une tout autre façon.

Bodson n'avait pas perdu connaissance. Malheureusement, sa blessure était inguérissable; la balle, — un morceau de cuivre informe — tirée presque à bout portant, avait pénétré dans le dos lésant l'épine dorsale pour sortir par le ventre, produisant une plaie affreuse.

Il vécut trois jours encore, puis il mourut avec sérénité, après avoir envoyé ses suprêmes adieux à sa sœur, son neveu et sa nièce, sans oublier ses camarades du régiment.

Les Bayèques, pas trop fâchés d'être débarrassés d'un chef d'humeur aussi peu commode, lui choisirent comme remplaçant son frère cadet, de caractère moins violent.

Celui-ci ne tarda pas à entrer en composition avec les nôtres, tandis que le jeune et belliqueux Mukande-Bande mettait ses guerriers et ses éminentes facultés à la disposition des agents de l'Etat Indépendant.

***

Il rendit même parfois de très grands services au capitaine D..., dans ses démêlés avec le terrible Simba (lion).

Ce brigand, retranché dans l'île qui porte son nom « île du lac Moero », bravait l'autorité de l'Etat. Ayant des intelligences avec quelques chefs du continent, Sénamé entre autres, il incursionnait au loin, razziant tout sur son passage. Prévenu à temps de l'arrivée de nos troupes, il se retirait avec son butin sans être autrement inquiété.

Pour en avoir raison, D... descendit maintes fois dans son île, mais sans un résultat décisif.

Il fut même en mauvaise posture certain jour qu'il avait engagé là une affaire avec des troupes trop jeunes, partant nerveuses et inexpérimentées.

N'ayant aucune confiance dans ces clampins, il avait judicieusement choisi sa position. Ces blancs becs, « si on peut dire », étaient dissimulés derrière un pli de terrain, avec devant eux un marais profond. Ils n'avaient qu'à se cramponner là, brûlant des cartouches tant et plus. A la gauche, Mukande-Bande devait décider de l'affaire, avec ses fidèles Bayèques.

On appelait cela des auxiliaires, « auxiliaire, oui, mais combien plus intéressant que le verbe même ».

Dès les premiers coups de feu, ces vulgaires pierrots détalèrent, tout comme nos rats des champs, pendant les manœuvres de septembre. Heureusement, Mukande-Bande impassible ne broncha pas. D... put ainsi réembarquer ses noirs capons sans trop de perte.

Un heureux hasard le débarrassa de cet encombrant personnage.

A la dernière affaire, tandis que nos soldats débarquaient dans son île, Simba, d'une taille vraiment extraordinaire, debout sur une légère éminence, observait la manœuvre avec le plus grand calme, dénombrant nos ascaris, appuyé de la main gauche sur son fusil. Tandis qu'il se tourne vers les siens, comme pour donner un ordre, une branche accroche la détente de son arme, le coup part, le frappant au cœur.

Leur chef mort, les guerriers se rendirent à discrétion.

Aujourd'hui cette île est anglaise, inhabitée, et sert de dépôt aux fraudeurs de caoutchouc.

La fortune ne fut pas aussi clémente pour le capitaine Florent Brasseur, qui depuis 1892 jusqu'en novembre 1897 séjourna au Katanga dans le Lualaba-Kassaï, où il fit de nombreuses reconnaissances. Tout comme Descamp, il entama une lutte acharnée contre les Arabes esclavagistes et les razzieurs originaires des territoires voisins. C'est dans un de ces combats, à l'attaque du boma de l'Arabe Chiwala sur la Luapula, qu'il tomba mortellement frappé d'une balle (aussi un morceau de cuivre).

Si cela peut vous intéresser, le prénommé Chiwala, qui après ce beau coup s'était réfugié en Rhodésie, y a été pendu par les Anglais en l'an de grâce 1900.

En mars 1900, le sous-lieutenant Fromond, malgré son terme de service achevé et l'autorisation reçue de rentrer en Europe, tint à accompagner une mission chargée de travaux scientifiques du côté du lac Bolobo.

Il fallut donner la chasse à des bandes d'esclavagistes, qui se réfugièrent dans des souterrains (les mines de cuivre de Kissongo). On les cernait espérant les y affamer, quand Fromond se découvrant mal à propos reçut un coup de feu qui mit fin à ses jours.

Exaspérés de la mort de leur chef, les soldats noirs apportèrent des sarments et de l'herbe à l'entrée de la caverne et y mirent le feu, tout comme on enfume les lapins dans leurs terriers. Quand après un certain temps, ils pénétrèrent dans l'antre, elle était vide. Il y avait une autre issue.

C'est bien là, je pense, le dernier événement tragique pour parachever la pénétration pacifique du Katanga.

* * *

Cette odyssée étant terminée, revenons à nos bucoliques. Parlons de toi, Lukafu, voilà plusieurs jours déjà que tu m'abrites, et le lecteur t'ignore encore.

LUKAFU

Lukafu ! Lukafu ! 1898, c'est bien la date de ta naissance.

Au cours de ses nombreuses reconnaissances, de 1892 à 1897, le commandant Brasseur avait cherché

LOFOÏ, RIVIÈRE

pour sa résidence un point favorable à la surveillance des frontières sud et est du Katanga, avec des communications aisées vers le Tanganyika, celles du Kassaï étant interrompues.

Un endroit sur la Lofoï lui parut propice.

La Lualaba et le lac Kissali, région pas trop salubre, trop éloignée des frontières, constamment exposée aux coups de main des hardis razzieurs, ne convenait pas. C'est là, du reste, qu'il eut une fin tragique.

De même la Luapula, pays marécageux s'il en fut, à la population flottante émigrant sur l'une ou l'autre rive suivant les besoins du moment.

La fertile vallée de la Lofoï, rivière aux eaux claires, abondante en poissons délicieux, convenait, semblait-il, sous tous les rapports, et la station prospérait.

Malheureusement, vint une saison des pluies extraordinaire. La belle chute, à quelque cent mètres en amont du nouveau poste, ne fut plus qu'une immense nappe torrentueuse, charriant dans ses flots troublés des tas de sable et de détritus. La station devint malsaine. Les eaux bourbeuses envahirent les plantations, amenant les hippos aux épouvantables grognements. Ces intrus eurent tôt fait d'éventrer les champs de manioc et de patates, tout comme font les sangliers, chez nous, dans les pommes de terre.

En présence de ces multiples inconvénients, son successeur, le commandant Verdick, et Delvaux, son adjoint, avaient décidé de chercher ailleurs.

Sans aller bien loin, ils choisirent ce large vallon que traverse la Lukafu, à proximité des restes du village de Fonséca ; précisément là où se passa le sanglant épisode M'Siri-Bodson, c'est-à-dire à une vingtaine de kilomètres au sud de la Lofoï.

La Lukafu, dont les eaux claires et limpides ont longé d'abord les roches élevées et nues qui terminent à pic les hauts plateaux, se redresse pour se précipiter dans le large vallon, essayant de culbuter dans une charge brillante les gros galets qui lui font obstacle, va combler une large et profonde excavation, travail des patients termites; puis, tournant brusquement à gauche, s'en va rejoindre les roches élevées, pour aller rafraîchir et égayer de ses notes cristallines d'autres lieux enchantés.

Sur la rive droite, on a heureusement laissé subsister un petit bois tout plein d'ombre et de fraîcheur.

Ce sont de gigantesques figuiers, de hauts cerisiers, aux fruits pareils à des radis roses, des arbres à gomme sous lesquels s'élèvent de vastes fougères et une multitude de fleurs éclatantes. Quelques arbres de belle taille ornent aussi la rive gauche.

LOFOÏ, RIVIÈRE

De ce côté se déroulent se coupant à angle droit deux larges avenues, qu'adornent, les ombrageant à peine, plusieurs rangs d'arbres fruitiers d'espèces variées.

LA LUKAFU

Ce sont : des papayers, des goyaviers, des citronniers, tous apportés de Lofoï.

Les yeux amusés admirent des parterres de reines-marguerites de toutes nuances, des bouquets de citronniers et de daturas, aux enivrants parfums.

Dans cet Eden, tels de charmants cottages : des magasins, des habitations entièrement en briques ont été construites de façon très judicieuse.

LARGE AVENUE (p. 49)

Les parquets partout sont surélevés. On y accède par de larges escaliers faits de bois dur et résistant.

De grandes barazas (vérandas) précèdent les demeures, que divise en deux parties un large couloir central.

De chaque côté, une grande chambre avec annexe bien éclairée et aérée par de nombreuses fenêtres, que clôturent des volets en bois pivotant sur châssis. De larges cheminées, style flamand, complètent l'aérage, permettant qu'un petit feu de sarments vienne casser la crudité des maussades journées de pluie.

Les toits sont recouverts de petits balais de paille, reliés entre eux de solide façon.

CONSTRUCTION EN BRIQUES (p. 51)

Tout au bout à gauche de l'avenue, à proximité de la rivière dont on ressent la fraîcheur bienfaisante, se dresse coquettement un petit chalet, que précède une grande terrasse avec un large escalier fait de briques.

C'est le mess, d'une construction rappelant assez celle de nos chapelles. La façade est percée d'une large et haute baie avec une lourde porte à deux battants. A chacun des murs latéraux, sont trois petites fenêtres avec volets. Dans le fond, une grande cheminée flamande que l'on prendrait quasiment pour un autel. Le plafond est fait de madriers d'un bois rouge brun soutenus par de larges poutrelles. Les murs sont enduits d'un kaolin gris clair.

A quelques mètres en retrait, sont les cuisines absolument indépendantes de la salle à manger, pour éviter aux convives les chaleurs et les odeurs culinaires. Les plats arrivent par un petit guichet.

Les foyers sont ménagés dans de gros blocs de maçonnerie, tout comme dans nos casernes, il n'y a pas bien longtemps. Les cheminées sont des ouvertures réservées dans la muraille. Le tirage est réglé par un jeu de lames en tôle glissant dans des fentes. Inutile d'ajouter que l'on ne brûle que du bois.

Enfin, l'avenue principale aboutit à un pont fait de briques et d'une seule volée. C'est un vrai tour de force que cette voûte dans ce pays où la chaux fait totalement défaut. Les Pères Blancs de Saint-Jacques de Lusaka en ont envoyé quelque peu; mais quelles difficultés n'a-t-on pas dû surmonter pour parfaire ce travail avec des soldats noirs comme ouvriers.

Au delà du pont, à droite : un petit kiosque, c'est le corps de garde. Puis, un large chemin fait communiquer avec la mission des English Reverends.

L'autre avenue, perpendiculaire à la première, est aussi large et bordée de plusieurs rangées d'arbres, comme je l'ai dit.

Tout au fond à droite, à l'ombre des grands figuiers que l'on a laissés y subsister, se dissimule dans les

VILLAGE DE FONSÉCA (p. 55)

taillis de citronniers un petit chalet, que parfument encore les calices violacés des daturas. Une mince et haute cheminée révèle sa présence. Cette cheminée communiquant avec la basse fosse envoie dans les airs éthérés des émanations qui ne le sont guère, éthérées.

Le chaud soleil dissipe tout cela.

A l'extrémité gauche de l'avenue sont installés les instruments de météorologie.

Continuant dans ce sens, on arrive au camp des soldats, tandis qu'à la droite du bois sont les quelques chimbèques qui subsistent encore du village de Fonséca.

*
* *

Cette description serait incomplète, si je ne disais que l'horrible tsé-tsé sévit dans cette gentille localité. Un jeune bœuf, amené pour des essais de culture à la charrue, succomba au bout de trois jours. Ce qui est curieux, c'est qu'elle n'existe plus chez Mukande-Bande, à trente minutes d'ici. Aussi, est-il le gardien de notre troupeau.

Les chèvres sont répandues un peu partout, dans les environs ; la mouche, dirait-on, leur est inoffensive.

Voilà pourquoi les malins Kapassa et Mulangari m'obligèrent d'accepter leurs chèvres, avec rémunération. On les leur avait confiées pour la multiplication, ils en ont fait une soustraction à l'Etat et une addition à leur pécule.

Les termites non plus ne sont pas des plus réjouissants. Comme certaines congrégations, ils travaillent, travaillent, lentement, lentement; mais sûrement, sûrement. Vous ne voyez rien, vous ne soupçonnez rien; puis un beau jour, le sol s'écroule, laissant une grande excavation; les murs s'effondrent. Tandis que par ailleurs une colline s'est élevée insensiblement; colline qui grandira, grandira, puis se couvrira d'arbres et de verdures, pour la plus grande gloire de Dieu.

M'éveillant un matin, j'entends un potin du diable dans une caisse laissée près de mon lit. Elle est bien fermée, un serpent ne saurait y pénétrer. Je la fais porter au milieu de l'allée, on l'ouvre avec précaution, elle est remplie de terre. J'en retire mes étoffes abîmées, et au fond mes trois Delbeck, ce qui reste encore de ma provision emportée d'Anvers. Malheur! les capsules sont percées, les bouchons rongés, mon champagne au diable! Elles font mieux que cela, me dit Vanden..., et il me montre des boîtes de conserve; les animaux ont percé la soudure en un point et pénétré à l'intérieur. Oh! les sales bêtes!

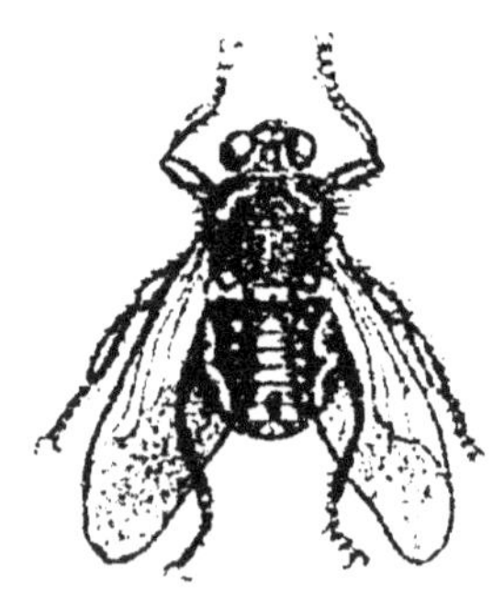

Les anciens soldats et ouvriers du poste sont d'excellents maçons, d'habiles charpentiers, de bons forgerons. Des jeunes gens des environs viennent ici apprendre ces métiers.

Plus fort que cela : un fils de feu l'empereur M'Siri, ressemelle les bottines avec de la peau d'hippo. Avec de telles chaussures s'il fait sec, on fait autant de bruit qu'avec des sabots; s'il pleut, instantanément on ramasse une pelle.

Que dites-vous de cela? Un fils d'empereur cordonnier. Après tout, Charles-Quint était bien horloger et Louis XVI serrurier.

Maintenant, pour vous donner une idée des distractions que l'on savoure ici, je ne crois pas faire mieux que de conter dans tous ses détails notre petite fête du 15 novembre 1900.

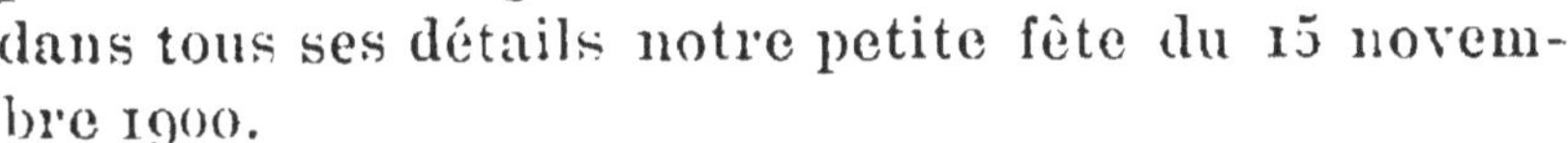

Comme je l'ai déjà dit, nous étions huit fonctionnaires dans ce petit poste, donc trop serrés et sans aucune utilité pour le service. De plus en ce moment, à la fin de la saison sèche, le pays ne peut nourrir nos deux cents soldats. Comme les Romains de César prenant leurs quartiers d'hiver, nous allons nous diviser.

Le capitaine, avec Pajole et vingt-cinq hommes, ira fonder un poste du côté de Kissongi ; Lhiot avec cinquante hommes ira occuper Kilwa, depuis trop longtemps confié au sergent Ibraïm; Branche, malade, ira à M'Toa : les autres agents avec les soldats restants garderont Lukafu qu'on ne peut trop dégarnir.

Groupés sur trois hauteurs dans les environs du lac Kissali, un ramassis de forbans venus d'un peu partout : des révoltés, des déserteurs de Peltzer, de Dhanis, etc., des arabisés de Kassongo vivaient là de rapines. A chaque bacchanale, ils se proposaient de venir massacrer les blancs de Lukafu.

En vertu d'instructions reçues, je ne pouvais les attaquer sans un ordre que j'attendais. Des gens à nous postés là-bas les surveillaient, nous rapportant leurs faits et gestes.

Avant d'opérer notre dislocation, nous voulions fêter dignement le 15 novembre. Mais quoi?

J'avais encore dans les oreilles ce sempiternel refrain, que nous ressassait un brave camarade, dans les petites séances du camp de Beverloo :

Bon père sacristain,
Préparez les burettes,
Il n'y a pas de fête
Sans un verre de vin. } *Bis.*

Du vin, il y a beau temps qu'il n'y en a plus, on l'attend avec le ravitaillement, depuis plus de sept mois.

En cherchant bien, on découvrit une bouteille de porto. Pour huit convives, c'est mince. Enfin, on ajoutera de l'eau, des citrons, des œufs, chacun aura un gobelet de cock-tail.

« Pour le reste, laissez-moi faire », assurait Van den...

Ainsi fut fait.

LA FÊTE DU ROI SOUVERAIN

Le 15, au matin, tous les bâtiments étaient pavoisés. Les étoiles jaunes resplendissaient sur leur fond bleu, voisinant avec les pavillons tricolores. On avait pillé les magasins et les collections des camarades.

Une pièce d'artillerie de montagne bien astiquée flamboyait près du mess. Des soldats apostés empêchaient les indigènes de traverser le champ de la pièce.

Sur un signal du clairon, deux décharges successives, dont les échos se répercutent au loin dans les rochers annoncent la fête de la station.

Les indigènes ont été conviés à porter leurs marchandises au marché, tout comme les dimanches. Les chefs sont priés à un concours de tir à la carabine.

Cependant les huit agents se sont installés à la table du mess avec devant eux de grands bols de café brûlant (du café de M'Pala). Sur un immense plat sont des boulettes de viande crue bien hachée; là, des saucières remplies de mayonnaise; sur les assiettes, des tartines de pain gris et de beurre frais.

Ce jour-là on a apporté des antilopes d'un peu partout; on a du poisson de la Lofoï et les pommes de terre d'Europe (ainsi appelées quoique poussées ici) attendent d'être pelées pour passer à la friture.

Mais voici venir les longues théories d'indigènes marchant à la file indienne, les hommes d'abord, ne portant rien, puis les femmes avec, à la mode des bottresses liégeoises, d'immenses paniers sur la tête.

Parfois encore un bébé sur la hanche et un autre sur le dos.

Elles vont occuper leurs emplacements respectifs, sur l'esplanade qui s'étend près du pont, en dehors de la station.

ON A APPORTÉ D'UN PEU PARTOUT (p. 57)

Les soldats vêtus de leurs plus beaux atours : une chemise neuve flottant en bannière au-dessus du pantalon, avec leurs épouses et leurs pécules (étoffes et perles), se rendent au marché en se dandinant...

...Tout le monde est au marché, dont le bourdonnement, allant grandissant toujours, finit par assourdir.

Au bout d'une heure, la berloque annonce la clôture, mettant fin aux éternels marchandages.

Les chefs viennent se grouper près du mess.

A cause de la solennité, Mukande-Bande (chef des Bayèques, depuis peu) a revêtu son costume de Highlander : sa veste, sa courte jupe à carreaux, ses longs bas de cycliste, ses sou-

TOUT LE MONDE EST AU MARCHÉ (p. 60)

liers jaunes, sa casquette de débardeur, à longue penne, galonnées de deux lignes qui tournent et trois qui montent, faites à la craie; aux dents, sa petite pipe en bois.

Son épouse, non moins solennelle, est adornée d'un long peignoir de flanelle rouge, la tête couverte d'un chapeau de feutre rouge aussi, forme pèlerin; deux queues de chat sauvage lui pendent derrière semblables à deux fines et longues tresses : « ce sont ses attributs comme principale épouse du grand chef. » Avec sa bonne figure ronde, ses dents splendides, ses grands yeux qui rient toujours, elle est très bien encore quoique plus très jeune, la belle Marguerite. Je l'appelle ainsi à cause de ses queues de chat, puis son nom est trop difficile à prononcer.

Mukande la néglige, dit-on, pour de très jeunes; elle s'en console avec Fataki, son boy qui n'y tient guère par crainte du mari.

Déjà, on a disposé sur une longue table le matériel de tir.

Blancs et noirs mêlés et confondus sont occupés à plaisanter. J'explique à ceux qui m'entourent que je vais fabriquer de la poudre avec du papier.

Négligemment, je tire deux, trois lettres de ma poche, je les déchire en menus morceaux aussitôt subtilisés pour être remplacés par du papier nitré, le même que celui employé chez nous pour le tir en chambre. On en charge quelques tubes et le tir commence.

Cela va pour les trois premiers coups; mais après, le papier étant devenu humide, c'est chaque fois un raté.

Comme tous ces incrédules me regardent hilarants, j'approche brusquement une allumette des débris épars sur la table... Fouit... et le tout jaillit en une flamme immense, sans fumée, sans laisser de cendres.

« C'est bien de la poudre, fait Mukande-Bande, mais elle ne vaut rien pour les fusils. »

On apporte alors de vraies cartouches.

Le capitaine Vanden..., Hendrickx et les autres font un tir très bon, ma foi. Quand vient le tour de

Mukande-Bande, l'arme au défaut de l'épaule, lentement, posément, il la lève.

Pan ! En plein dans l'mille.

BOY FATAKI (p. 62)

Son oncle et rival en politique y met plus de façon, vise longtemps, Pan ! pas mal, à côté de la rose.

Puis ils se succèdent, beaucoup tirent assis ou accroupis.

Le tout dernier est un petit vieux tout raccorni, encore un frère de M'Siri. Ses doigts sont enkylosés, ses mains tremblent tandis qu'il lève la carabine avec peine les deux bras tendus, l'arme vacille à droite, à gauche, en haut, en bas ; tout le monde éclate de rire s'écartant de crainte d'accident. Mais l'arme s'est immobilisée un instant. Pan ! près de la rose ; mon homme est classé troisième, au grand dam des rieurs. Il reçoit une pipe et des félicitations. Mukande a choisi un couteau, et le second un chapeau.....

A présent, tout le monde est sur la terrasse pour y savourer le pombé de l'amitié. Tous sont assis par rang d'oignons; comme toujours, Mukande seul a reçu une chaise. Si par un des plus grands hasards, cette particularité du protocole a été négligée, la réclamation de l'intéressé ne tarde pas.

Là-bas, au milieu de l'avenue, quelques groupes : des indigènes venus au marché, des soldats, des boys contemplent de loin la fête. Pas n'est besoin ici d'un service d'ordre.

Le serveur, ayant consciencieusement remué le breuvage au moyen d'une boîte à sardines, le déguste ; puis, il en présente un gobelet plein au chef des Bayèques. Celui-ci, après une légère inclination de tête et un petit salut du verre à l'intention des maîtres de céans, boit lentement, remet le vase vide, qui, rempli de nouveau, est offert au second chef dans l'ordre hiérarchique et ainsi de suite jusqu'au dernier hobereau.

Pendant ce temps, les tout petits chefs qui craignent qu'il ne reste rien pour eux de tout ce breuvage font des signes désespérés au boy, pour que le gobelet ne soit pas si rempli.

LA-BAS, AU MILIEU DE L'AVENUE (p. 61)

Quand tout le monde a bu, Mukande se lève : c'est le signal du départ, tous font de même. Il vient serrer la main du commandant, celle du capitaine, du lieutenant et ainsi de suite jusqu'au cavalier de deuxième classe. Le second chef procède de même et ils se suivent d'après leur importance.

Les gens de la suite ne participent ni au pombé ni au shanke-hands.

Comme je m'informe de la belle Marguerite, on me répond qu'après avoir trinqué avec les noires épouses des blancs fonctionnaires, elle s'est éclipsée joyeuse avec le triste Fataki.

Livrés à nous-mêmes, nous dégustons notre cock-tail au porto et le traditionnel speech à Sa Majesté.

Un peu fade le cock-tail, tout comme le speech, du reste.

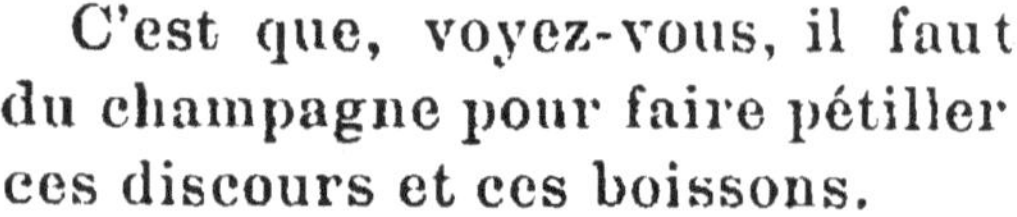

C'est que, voyez-vous, il faut du champagne pour faire pétiller ces discours et ces boissons.

Cet apéritif nous coupa le peu d'appétit qui nous restait encore, on a trop bien déjeuné.

Aussi, c'est sans enthousiasme qu'on laisse défiler les poissons, les filets et les gigues, mais les boys sont à la fête. Nous buvons de l'eau avec quelques biscuits, puis chacun se retire faire la sieste.

L'après-dîner on s'agite croyant s'amuser, parcourant la station si bien pavoisée.

Le soir, la plupart manque au souper auquel personne ne touche.

Enfin, je rentre triste et oppressé, comme si tous ces hauts rochers qui encerclent la station écrasaient ma poitrine.

Dans la nuit, une violente tornade vint culbuter tous nos drapeaux.

DÉPART DE LUKAFU — RETOUR A KILWA

Quelques jours après cette fête mémorable, je reçus l'ordre d'aller à M'Toa, remplacer un collègue malade.

Ayant attendu quelques jours encore un ravitaillement qui refusait d'arriver, le 26 au matin je me mis en route avec Branche et Lhiot. Vanden..., partant en tournée, nous donnera un pas de conduite.

LES BOYS SONT A LA FÊTE (p. 66)

Nos porteurs Bayèques, en ce moment occupés par les English Reverends, nous rejoindront demain avec les bagages, foi de Mukande-Bande.

Avec ces gens-là on n'a jamais de mécompte.

Tandis qu'en un groupe, nous débouchons de l'avenue centrale, à droite, sur deux rangs, sont rangés au port d'arme les soldats de la garnison revêtus de leur uniforme bleu.

En face, en aussi bon ordre, sont les chefs indigènes avec Mukande-Bande sur la droite et un peu en avant.

A notre approche, il s'avance avec le tact et la dignité de celui qui en a vu bien d'autres. Il nous souhaite bon voyage, regrettant que sa vigueur passée ne lui permît pas de nous accompagner jusqu'au Tanganyika.

En route, maintenant. Ici, le chemin va se rétrécissant, décrivant une courbe pour s'engager dans la montagne.

Les boys parés du morceau rouge d'andrinople, qu'ils viennent de recevoir, nous précèdent marchant bras dessus bras dessous, faisant retentir les échos de joyeuses chansons et de cris d'allégresse.

Cette gaîté, cette bonne humeur nous gagne nous-mêmes.

La journée s'annonce bien...

Qu'arrive-t-il à présent? Un accident? Un malheur? Une calamité? Les cris de joie, tout à coup, sont devenus des cris de détresse; la joyeuse marche est maintenant une fuite éperdue.

Là-bas, à quelques mètres, se dresse un serpent sifflant au milieu de la route, comme pour s'opposer à notre passage.

Sans réfléchir aucunement je me précipite et de la main gauche moulinant vigoureusement ma longue canne, compagne inséparable, j'envoie le reptile se ballader dans l'espace. Il va retomber à une dizaine de mètres.

— Quelle imprudence ! crient mes compagnons.

— En effet, dis-je, cet animal a été bien imprudent, maintenant je le crois fort malade.

Nous le retrouvons dans l'herbe. Le coup a porté un peu au-dessous de la tête, la séparant presque du corps. Il a passé de vie à trépas.

— Quelle chance! fait Vanden...

— J'espère bien, répondis-je, que tous ses pareils que je rencontrerai auront la même chance.

LES BOYS PARÉS D'ANDRINOPLE (p. 68)

Cette solution rapide rassérène nos boys, qui sur nos instances reprennent les devants. Malheureusement ils ont perdu leur bel entrain.

D'un autre côté, la panique de notre jeune avant-garde, plus rapide qu'une traînée de poudre, s'est communiquée à la troupe de femmes et d'enfants marchant sur nos derrières. Voyant la débandade des boys, elles flanquent leurs charges à terre pour s'enfuir rapides, dans les maisons du poste, hurlant à la malemort.

Il fallut les rappeler, les persuadant qu'il n'y a plus de danger, qu'il n'y en a jamais eu...

Maintenant tout le monde est dans la montagne, ne s'occupant plus que des difficultés de la gravir.

Sur un chemin montant, sablonneux, malaisé,
Et de tous les côtes au soleil exposé.

— Oui, oui, plaisantez, me dit Vanden..., nous verrons tout à l'heure ce que vous aurez encore de souffle.

— Je ne dis pas non, mais ce qui me console, c'est que cet animal de Lhiot est avec nous; comme il est la cause primordiale des tortures que nous allons endurer, il est juste qu'il en ait sa part. C'est bien lui qui devait la construire, la route ?

Oui, seulement le tracé était courbe, passant là et là. Pendant mon absence, au lieu de diriger le travail, il est resté à ses paperasses.

— Il faudra bien qu'il la voie maintenant. C'est qu'ils ont coupé tous les arbres, les bougres ! pas une « branche » de salut pour s'y accrocher ! Heureusement qu'il ne fait pas encore chaud. Quand j'y pense ! le jour de mon arrivée ce que j'ai souffert ! J'étais esquinté par une longue étape, il était une heure, le soleil du zénith dardait à pic sur ces roches dénudées qui, généreuses, me renvoyaient toute cette chaleur.

J'étais comme enveloppé de langes de feu, et j'allais... dégringolant, glissant, roulant, entrainant avec moi les cailloutis qui, à chaque chute, m'ensanglantaient les mains et les genoux.

Furieux je montrais le poing à Bourguignon, qui, me regardant narquois, de sa large gueule soufflait sur moi son haleine de feu.

Parfois, croyant ma dernière heure venue, je restais assis découragé, répétant mélancolique :

Les dieux, les hommes, les choses mêmes,
Tout conspire à ma perte.

— Assez blagué, intervient Vanden..., nous n'avançons pas, voyez où déjà sont les autres.
— En effet! Concentrons maintenant toutes nos facultés vitales, pour parfaire cette pénible montée.

Puis ils marchèrent en silence,
On n'entendait plus que le pas. *Bis.*

Chacun s'évertue pour son propre compte, recherchant les pentes le plus aisément franchissables, tandis qu'une abondante transpiration nous dégouline le long du corps.

J'admire une jeune beauté chocolat, avec déjà de plantureux appas. Elle est là, à quelques mètres plus haut; l'ascension ne lui paraît pas trop malaisée, malgré sa lourde charge, deux pots de terre (chungu).

En revanche, ce qui n'est pas lourd c'est son vêtement : un mauvais pagne de rien. N'importe, elle n'en est que plus séduisante, parée de sa seule beauté avec sa souplesse de jeune chat sauvage.

Mais! patatras! Aurais-je le mauvais œil? Tandis qu'elle s'accroche à une aspérité, la roche cède et la pauvrette est entraînée dans un éboulis de pierrailles. Je la saisis au passage, tout en me cramponnant à la montagne mouvante.

« Mieux vaut glisser sur la glace que sur le gazon », mais combien préférable à ces rocailles pointues serait un tapis vert moussu.

J'appelle, poussant des cris désespérés ; car je sens que nous sommes tous les deux entraînés, la jeune chocolat ne faisant rien pour se dépêtrer, et pour cause, ses beaux grands yeux noirs sont morts, elle est aveugle. On nous dépêche un jeune bambin de 2 ans, son frère, tandis que les chungus abandonnés à leur propre sort continuent la descente avec une folle ivresse, pour enfin aller échouer dans un fond.

Cet événement n'eut pas le don de réjouir une vieille harpie, la mère de la jeune fille, qui, à peine arrivée sous l'égide maternelle, recevait une magistrale tripotée. Probablement pour lui apprendre à y voir clair.

Je crois bien que dans cette occurrence, nos mégères eussent fait de même.

UNE JEUNE BEAUTÉ

Tandis que j'interviens avec autant de discrétion que de civilité, je reçois en pleine face une vraie cataracte d'épithètes aussi éclatantes que discordantes.

— N'insistez pas, intervient Lhiot, cette vieille est fort méchante et capable de vous eng... uirlander.

— Mais il me semble... qu'elle a déjà bien commencé... Mais... mais... on dirait que vous en savez quelque chose... vous!... Est-ce que par hasard?...

— Enfin, je vous préviens et rien de plus, fit-il rougissant comme une jeune pensionnaire.

— S'il en sait quelque chose, me dit à l'oreille Vanden..., c'est sa belle-mère *in partibus*. Ah ! ah ! ah !

SON ÉPOUSE

Le cavalier de deuxième classe, Lhiot, a pensé qu'il allait être bien seul une fois installé à Kilwa, les gaîtés de la paperasserie ne suffisant pas à son bonheur.

Il faut savoir que cet agent peu expert dans la confection des routes, « on ne peut tout savoir, dit Poil de Carotte », était un excellent administrateur; mais, craignant avant tout la solitude il emmène son épouse et la famille d'icelle : jeunes sœurs, dont l'aveugle, petits frères, sans oublier malheureusement la mère Picrate. Il en est mort, le pauvre. *Requiescat in pace.*

Je me retirai avec prudence et dignité, laissant la vieille à sa mauvaise humeur.

Deux boys envoyés à cette fin repêchèrent les chungus.

La jeune chocolat sans verser une larme, habituée, sans doute, à ces expansions familiales, se remit en route avec son jeune guide.

Et l'ascension continua pénible, fatigante... Mais comme tout doit avoir une fin, nous atteignîmes le sommet.

Là, se dresse une petite cabane, sur laquelle devrait se balancer cette enseigne : *Au repos de la montagne* (1).

— Tu n'iras pas plus loin, fis-je avec conviction.

Dormis Brute, non es Brutus.

Mollement étendus dans nos chaises longues, nous nous sommes profondément assoupis. C'est que cette pénible ascension, qui n'a duré que deux heures, nous a tout à fait courbaturés. Une bonne flemme pas trop longue, il n'y paraîtra plus...

Pour le moment, ça manque un peu d'eau pour se rafraîchir la figure et les mains. Néanmoins, c'est avec une ardeur sans égale que nous nous ruons sur les sandwich,s œufs, café et autres victuailles avec nous emportées...

Ça va mieux maintenant.

---

(1) Les personnes, qui, d'aventure, auraient décidé d'aller villégiaturer dans ces régions depuis longtemps explorées, apprendront sans doute avec plaisir que ce très véridique récit rapporte des événements passés en l'an 1900.

Depuis lors, une large route avec pente douce a été construite.

Les arbres y ont poussé comme par enchantement, apportant leur ombre bienfaisante.

Je n'oserai cependant pas affirmer qu'à l'auberge(*Au repos de la montagne*) on puisse trouver de la crème glace à la vanille.

— Mais que sont devenus tous ces gens qui nous accompagnaient?

— Après un court repos, ils ont continué l'étape jusque la Lofoï.

— Si l'on faisait de même, quoi? Il est environ 2 h. 1/2, nous serons là-bas à 5. Sinon, ce que le temps va nous sembler long.

Ah! ouiche!!! tous se sont cabrés contre mon projet, ils ont pour cela cent mille bonnes raisons : on est vanné, incapable de faire un pas, on attend le dîner de la station, nos porteurs, etc., etc.

Ensuite, Vanden..., presque pas maniaque, ayant pour ce faire emmené avec lui quelques boys, expédie toutes les cinq minutes de petits papiers aux camarades restés là-bas. Il a oublié ceci, puis cela... Une dernière recommandation... et patati... et patata... Enfin, on logera ici, la maison n'est point mauvaise, on s'en contentera.

Pour tuer le temps, je vais reconnaître l'ancien chemin conduisant à la vallée. C'est un sentier étroit, en lacet, avec aussi des pentes raides et des gradins, un vrai « thiers des gattes », plus long, mais plus aisé que le nouveau ; puis, il y a des arbres.

J'en ai assez de la montagne, allons revoir le plateau, cette immense et verte plaine que lors de mon arrivée je mis trois jours à traverser sans rencontrer âme qui vive.

> Et cette plaine était déserte, immense, solitaire,
> Comme les lointaines Thébaïdes où les ascètes marchaient
> Tout le jour, sans rencontrer un être humain.

D'ici, le terrain s'étend en glacis jusqu'aux roches blanches de la Lofoï, dont il me semble percevoir le bruit de la chute, sourd et monotone.

Par suite de la sécheresse, la petite herbe rêche s'est faite plus rare, tandis que les genêts, appelons ainsi ces arbustes minuscules aux fleurettes bleues, les genêts *apparent rari nantes in gurgite vasto.*

La route est indiquée encore par quatre à six bandes étroites, qui, parallèles, vont se déroulant à l'infini.

On dirait les traces que laissent nos batteries après les manœuvres de Braesschaet et de Beverloo.

Les pieds nus des porteurs marchant à la file ont à la longue creusé des ornières, les pluies torrentielles les ont changées en rigoles, les élargissant et les approfondissant un peu.

Ici, comme je l'ai dit, la vue s'arrête aux rochers de la Lofoï ; mais au delà, la plaine s'étend infinie avec rarement une ondulation, dont la crête indique le cours d'un petit ruisseau coulant au fond d'un fossé peu profond.

Excepté la Talula, où les termites ont élevé trois collines, sur lesquelles se dressent majestueux de puissants figuiers, semés là sans doute avec les déjections des indigènes; nulle part on ne voit un arbre. Tandis qu'à l'horizon, avec leurs charges sur la tête, les porteurs infiniment petits semblent des fourmis emportant leurs œufs.

Comme je suis à ces souvenirs, je n'entends pas qu'on me hèle là-bas. Notre dîner est arrivé de Lukafu avec le lieutenant Hendrickx et le premier sergent Leclercq, venus par le sentier des chèvres.

Ils tiennent beaucoup à nous serrer une dernière fois la main, mais je soupçonne qu'ils veulent aussi « palabrer » avec Vanden... au sujet des petits papiers.

Pendant le repas, auquel tout le monde fait honneur, j'apprends que nos porteurs bayèques arriveront par la vallée de la Lofoï, bien plus praticable que le chemin de la montagne.

J'aurai désiré le suivre également parce que nou-

CETTE IMMENSE ET VERTE PLAINE (p. 75)

veau pour moi, malheureusement nous devions pour cela traverser la Mission des English Reverends, avec lesquels en ce moment les relations étaient un peu fraîches.

Personnellement j'avais reçu leurs compliments, et un grand morceau de lard préparé par les blanches mains de leurs épouses, mais Vanden... à aucun prix ne voulait aller chez eux, tout cela après une trop grande intimité.

Voilà comment nous dûmes gravir encore cet épouvantable raidillon.

Enfin, nous irons loger à la Lofoï, non pas au point où je la traversai le 14 octobre, ce passage étant par trop dangereux pour les personnes et les bagages.

Cette rivière a son lit encombré de quartiers de roche tellement nombreux qu'on peut la traverser à certains endroits, posant avec précaution le pied sur chaque sommet.

Là où je la passai précédemment, les blocs plus rares, dont certains branlants, d'autres, à surface plate, glissante, recouverte d'une nappe rapide, laissent entre eux de larges et profonds intervalles, dans lesquels se précipitent des flots tumultueux.

Encore un avantage du nouvel itinéraire, on campera une seule fois dans la brousse. A cette époque de l'année surtout, les tornades sont fréquentes et terribles sur le haut plateau.

Témoin notre aventure du 12 octobre à la Talula :

C'était pendant l'horreur d'une profonde nuit :

un vent impétueux brisa comme verre un immense figuier, le précipitant avec fracas au bas de la colline, sur laquelle il se dressait superbe.

Pauvre de toi, Pajole! que serait-il advenu si tu avais persisté dans tes intentions! saugrenues!!!

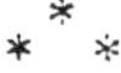

Le mardi 27 à l'aube, nous voilà en route; la veille au soir, Hendrickx et Leclercq avaient rejoint le poste.

Adieu! braves camarades. Adieu! Lukafu!

*
* *

Le temps s'annonce comme devant être franchement mauvais, il souffle un vent âpre et glacé. Au-dessus de nos têtes courent d'épais nuages noirs, tellement bas qu'ils semblent rouler dans la plaine avec une extrême vitesse.

Je suis péniblement impressionné comme de l'imminence d'un cataclysme. Comme si, tantôt entraînés dans les tourbillons d'une épouvantable bourrasque, nous allions être culbutés, balayés, emportés dans l'infini des choses, jusqu'à la consommation des siècles.

Pour être plus rapide, Vanden... monte en machela (palanquin), nous faisons de même et les porteurs s'en vont au pas de course, leur allure favorite...

Au bout de vingt minutes, nous sommes gelés malgré nos manteaux. Je propose de prendre nous-mêmes le pas de course.

Après six heures de marche rapide, nous atteignons la Lofoï. Nous avons échappé à l'orage, semble-t-il, le soleil paraît radieux, mais ce qu'il toque, le bougre!

Nos gens dressent les tentes au plus tôt ; l'orage arrive, disent-ils.

En effet, soudainement le ciel s'obscurcit comme inondé par les vagues noires et épaisses d'un océan d'encre de Chine.

...C'est la nuit profonde... Puis brusquement la nue se déchire et c'est une clarté vive et subite que suit bientôt un épouvantable fracas, comme si toute l'artillerie de la marine anglaise, rassemblée là par un miracle, commençait par une salve titanique le bombardement du Katanga...

Alors des paquets d'eau s'abattent avec fureur sur nos modestes tentes...

Puis c'est une nouvelle lueur suivie d'une nouvelle décharge..., et les coups se succèdent, tantôt rapides, tantôt espacés, toujours formidables, tandis que l'averse continue avec frénésie...

Cet infernal sabbat dura bien une heure. Puis, insensiblement, tout rentra dans le calme.

Pendant quelque temps encore, on entendit au loin rouler les lourdes pièces. Les nuages épais prirent la même direction. Alors le soleil ardent se mit à boire toute cette eau répandue. Tandis que la Lofoï, qui s'était tue pendant le chambardement, fit de nouveau entendre le sourd grondement de sa chute, grossissant la voix comme en colère; mais les flots rebondissant contre les roches reprenaient leurs joyeuses chansons et leurs rires moqueurs.

* * *

Au dîner, nous mangions du poisson de la rivière.

* * *

Le 28, Vanden... nous a fait ses adieux et nous a mis en retard. Il est 8 heures déjà quand nous partons.

Le soleil est brûlant, l'atmosphère étouffante, j'implore d'un coup d'œil la machela. Les pagazzi ont aussi l'air abattu.

Enfin! nous irons *pedibus cum jambis*, c'est-à-dire à pied avec des jambières.

Branche croit de son devoir de me tenir compagnie et de m'entretenir de sa conversation, me donnant des détails... hum... hum... sur les rapports de Lhiot avec son épouse noire. Puis ce sont ses malheurs à lui : sa mère âgée de 50 ans, partie avec deux jeunes sœurs pour se lancer dans la haute et magistrale

NOTRE DÎNER EST ARRIVÉ DE LUKAFU (p. 76

galanterie. Comme conséquence, son père, jadis un grand industriel, s'est mis à absorber des quantités d'alcool, un litre d'absinthe par jour !

— Un litre?

— Oui, et quelquefois plus, un litre c'est son ordinaire.

Décidément, disais-je en moi-même, il est maboule le particulier. Ensuite, ce qu'il est grotesque ce bout d'homme avec son énorme chapeau de feutre, son petit caban caoutchouté ne dépassant pas les genoux, ses longues guêtres en cuir épais. Ainsi vêtu, je suerais sang et eau; chez lui, il n'y paraît pas.

Tout à coup, je ne sais si la tarentule l'a piqué, il me lance un regard furibond, saute dans sa machela et disparait avec ses porteurs.

***

Après avoir peiné quatre heures durant, nous nous arrêtons en un endroit où déjà l'on a campé. C'est un valonnement où subsistent encore de petits abris faits d'herbes et de branchages, dans lesquels nous nous glissons en rampant, on n'y tient pas debout. Tout aussitôt, les écluses célestes s'ouvrent larges ouvertes.

On dirait que le ciel, qui se fond tout en eau,
Veuille inonder ces lieux d'un déluge nouveau.

Mais la pluie diluvienne a bientôt percé la mince toiture et l'eau arrive abondante à l'intérieur. Il faut patienter.

Je sors pendant une accalmie, le vallon est devenu un immense marais. A Dieu ne plaise que je loge dans cette boue! Malgré la pluie! le tonnerre! le diable et son train! nous continuerons jusque chez Mulangari.

***

Nous y arrivons à la tombée du jour, trempés, fourbus, vannés.

« Que je vais être heureux de changer de linge et de tout ! »

Les porteurs arrivent, se suivant à de longs intervalles.

Maintenant ils sont là tous, sauf toutefois les deux auxquels j'ai confié

une malle extra-légère contenant des objets de rechange.

Plus d'une heure après les autres, ils arrivent placides, chargés comme des mulets, de racines de manioc, qu'ils ont achetées... ou plutôt volées, pendant qu'ici je me morfonds claquant des dents près d'un petit feu de sarments.

Le jeudi nous prenons un repos bien mérité, après avoir la veille fourni une étape de neuf heures, et quelle étape !

Ici, je trouve du pourpier poussant un peu partout comme mauvaise herbe. Nous tombons là-dessus comme la misère sur le monde.

Menu du jeudi. Dîner : bouillon de chèvre avec pourpier et pain grillé, bouilli et pourpier étuvé.

Souper : salade de pourpier, sardines.

Le temps a été splendide ce jour-ci, nous voilà tout a fait ravigotés.

Malheureusement, le vendredi et jours suivants, les ondées se succèdent avec une persévérance digne d'une meilleure cause. Il suffit, du reste, de quelques minutes pour être percé jusqu'aux os pendant qu'on patauge dans ces chemins que l'averse a changés en torrents.

Pendant ce jour consacré au repos, Branche a fixé sur mon véhicule un toit d'une étoffe imperméable; mais l'averse arrivant à profusion a bientôt fait une poche, puis une trouée, et une abondante fontaine me dégouline dans le cou. Puis ce sont les porteurs, qui en changeant d'épaule le bambou de la machela, font basculer ce toit malencontreux et m'envoient à la face un gros paquet d'eau.

Avec tout le liquide retenu dans la toile à voile du hamac, qui ne laisse rien passer, je suis bientôt comme dans un bain glacé.

Ah! non! je préfère barboter dans la rigole et agiter mes membres raidis.

Le dimanche, nous sommes chez Kitomba, distant de deux heures de Kilwa. Ayant aujourd'hui fait une étape de sept heures, nous n'allons pas plus loin.

Pour nous tenter cette fois, le chef apporte des feuilles de jeune manioc et de fameux poissons.

D'ici l'on aperçoit aisément le Moero.

A la tombée du jour, j'en vois sortir la lune toute rouge et aussi des nuées de moustiques.

Demain, dans la nuit, ils vont nous manger, les lâches.

A l'avance,
Quand j'y pense,
Ah! l'effet
Que cela me fait.

CH. BULENS
IMPRIMEUR-ÉDITEUR
75, RUE DE TERRE-NEUVE
BRUXELLES

www.ingramcontent.com/pod-product-compliance
Lightning Source LLC
LaVergne TN
LVHW020437230826
846091LV00004B/1531
9782013676564